This book be

....

....

ALL ABOUT THIS BABY TRACKER

When I invented SnoozeShade it was because I wanted to solve a common parental problem - of how to get babies to sleep on-the go. I love practical solutions!

When I had my daughter, Holly, I had a notebook at my side constantly (my phone didn't cut it 24/7).

I wanted to monitor her eating, sleeping and when I'd last changed her - along with notes on things we or she had done or things we were going to do that day.

As well as my notebook I also had a memory book and a diary - it was all a bit much. I needed a combination of all three!

So here is my version of a practical notebook, diary and memory book. It's also perfect to give to others who look after your baby so you know what's happened and when.

Different parents want to keep track for different periods of time, this undated tracker lasts for 60 days so you can use it when you need or want to.

I hope you enjoy using it as much as I have enjoyed designing it.

Cara xx

USEFUL CONTACTS

Name	Contact details

HOW TO USE THIS BOOK

 One diary page is for day and one is for night
(the clue is in the symbol on each page)

SNOOZE

Make notes of when baby sleeps (in the early days it's more like when they are awake), whether it's a long nap or a cat nap.

EAT

Make notes of when baby eats, whether it's a quick bite or an extended feed.

For breastfeeding:	For bottle feeding:
You can note which side was used (L or R) and there's space for the amount of time too.	Keep a note of how many ounces or mls your little one has had and how long it took.

CHANGE

You can simply tick for a change or add more detail on what was inside ;-)

GENERAL NOTES

Each day has room for extra notes to help you remember what you're up to and where. Near the back are extra jotter pages for errands and to do lists. There are also a few extra diary pages in case you need them

HEALTH NOTES & USEFUL CONTACTS

Keep a track of doctor visits or immunisations and, at the back, you'll find somewhere to put in all your useful contacts

PS if you have any suggestions of things that would be useful please email me on **customercare@snoozeshade.com**

DATE ....

M T W T F S S

TIME TO...	SNOOZE	EAT	CHANGE	TIME TO...	SNOOZE	EAT	CHANGE
18:00				00:00			
18:15				00:15			
18:30				00:30			
18:45				00:45			
19:00				01:00			
19:15				01:15			
19:30				01:30			
19:45				01:45			
20:00				02:00			
20:15				02:15			
20:30				02:30			
20:45				02:45			
21:00				03:00			
21:15				03:15			
21:30				03:30			
21:45				03:45			
22:00				04:00			
22:15				04:15			
22:30				04:30			
22:45				04:45			
23:00				05:00			
23:15				05:15			
23:30				05:30			
23:45				05:45			

THINGS I NEED TO BUY/GET

NOTES

DATE .... 　Ⓜ Ⓣ Ⓦ Ⓣ Ⓕ Ⓢ Ⓢ

TIME TO...	SNOOZE	EAT	CHANGE
06:00			
06:15			
06:30			
06:45			
07:00			
07:15			
07:30			
07:45			
08:00			
08:15			
08:30			
08:45			
09:00			
09:15			
09:30			
09:45			
10:00			
10:15			
10:30			
10:45			
11:00			
11:15			
11:30			
11:45			

TIME TO...	SNOOZE	EAT	CHANGE
12:00			
12:15			
12:30			
12:45			
13:00			
13:15			
13:30			
13:45			
14:00			
14:15			
14:30			
14:45			
15:00			
15:15			
15:30			
15:45			
16:00			
16:15			
16:30			
16:45			
17:00			
17:15			
17:30			
17:45			

THINGS WE'RE DOING TODAY

TODAY'S SPECIAL MEMORIES

DATE .... Ⓜ Ⓣ Ⓦ Ⓣ Ⓕ Ⓢ Ⓢ

TIME TO...	SNOOZE	EAT	CHANGE	TIME TO...	SNOOZE	EAT	CHANGE
18:00				00:00			
18:15				00:15			
18:30				00:30			
18:45				00:45			
19:00				01:00			
19:15				01:15			
19:30				01:30			
19:45				01:45			
20:00				02:00			
20:15				02:15			
20:30				02:30			
20:45				02:45			
21:00				03:00			
21:15				03:15			
21:30				03:30			
21:45				03:45			
22:00				04:00			
22:15				04:15			
22:30				04:30			
22:45				04:45			
23:00				05:00			
23:15				05:15			
23:30				05:30			
23:45				05:45			

THINGS I NEED TO BUY/GET

NOTES

DATE ....

TIME TO...	SNOOZE	EAT	CHANGE	TIME TO...	SNOOZE	EAT	CHANGE
06:00				12:00			
06:15				12:15			
06:30				12:30			
06:45				12:45			
07:00				13:00			
07:15				13:15			
07:30				13:30			
07:45				13:45			
08:00				14:00			
08:15				14:15			
08:30				14:30			
08:45				14:45			
09:00				15:00			
09:15				15:15			
09:30				15:30			
09:45				15:45			
10:00				16:00			
10:15				16:15			
10:30				16:30			
10:45				16:45			
11:00				17:00			
11:15				17:15			
11:30				17:30			
11:45				17:45			

THINGS WE'RE DOING TODAY

TODAY'S SPECIAL MEMORIES

TIME TO...	SNOOZE	EAT	CHANGE	TIME TO...	SNOOZE	EAT	CHANGE
18:00				00:00			
18:15				00:15			
18:30				00:30			
18:45				00:45			
19:00				01:00			
19:15				01:15			
19:30				01:30			
19:45				01:45			
20:00				02:00			
20:15				02:15			
20:30				02:30			
20:45				02:45			
21:00				03:00			
21:15				03:15			
21:30				03:30			
21:45				03:45			
22:00				04:00			
22:15				04:15			
22:30				04:30			
22:45				04:45			
23:00				05:00			
23:15				05:15			
23:30				05:30			
23:45				05:45			

THINGS I NEED TO BUY/GET

NOTES

DATE .... (M)(T)(W)(T)(F)(S)(S)

TIME TO...	SNOOZE	EAT	CHANGE	TIME TO...	SNOOZE	EAT	CHANGE
06:00				12:00			
06:15				12:15			
06:30				12:30			
06:45				12:45			
07:00				13:00			
07:15				13:15			
07:30				13:30			
07:45				13:45			
08:00				14:00			
08:15				14:15			
08:30				14:30			
08:45				14:45			
09:00				15:00			
09:15				15:15			
09:30				15:30			
09:45				15:45			
10:00				16:00			
10:15				16:15			
10:30				16:30			
10:45				16:45			
11:00				17:00			
11:15				17:15			
11:30				17:30			
11:45				17:45			

THINGS WE'RE DOING TODAY

TODAY'S SPECIAL MEMORIES

DATE .... M T W T F S S

TIME TO...	SNOOZE	EAT	CHANGE	TIME TO...	SNOOZE	EAT	CHANGE
18:00				00:00			
18:15				00:15			
18:30				00:30			
18:45				00:45			
19:00				01:00			
19:15				01:15			
19:30				01:30			
19:45				01:45			
20:00				02:00			
20:15				02:15			
20:30				02:30			
20:45				02:45			
21:00				03:00			
21:15				03:15			
21:30				03:30			
21:45				03:45			
22:00				04:00			
22:15				04:15			
22:30				04:30			
22:45				04:45			
23:00				05:00			
23:15				05:15			
23:30				05:30			
23:45				05:45			

THINGS I NEED TO BUY/GET

NOTES

DATE ....   M T W T F S S

TIME TO...	SNOOZE	EAT	CHANGE	TIME TO...	SNOOZE	EAT	CHANGE
06:00				12:00			
06:15				12:15			
06:30				12:30			
06:45				12:45			
07:00				13:00			
07:15				13:15			
07:30				13:30			
07:45				13:45			
08:00				14:00			
08:15				14:15			
08:30				14:30			
08:45				14:45			
09:00				15:00			
09:15				15:15			
09:30				15:30			
09:45				15:45			
10:00				16:00			
10:15				16:15			
10:30				16:30			
10:45				16:45			
11:00				17:00			
11:15				17:15			
11:30				17:30			
11:45				17:45			

THINGS WE'RE DOING TODAY

TODAY'S SPECIAL MEMORIES

DATE ....

M T W T F S S

TIME TO...	SNOOZE	EAT	CHANGE	TIME TO...	SNOOZE	EAT	CHANGE
18:00				00:00			
18:15				00:15			
18:30				00:30			
18:45				00:45			
19:00				01:00			
19:15				01:15			
19:30				01:30			
19:45				01:45			
20:00				02:00			
20:15				02:15			
20:30				02:30			
20:45				02:45			
21:00				03:00			
21:15				03:15			
21:30				03:30			
21:45				03:45			
22:00				04:00			
22:15				04:15			
22:30				04:30			
22:45				04:45			
23:00				05:00			
23:15				05:15			
23:30				05:30			
23:45				05:45			

THINGS I NEED TO BUY/GET

NOTES

DATE .... 　 (M) (T) (W) (T) (F) (S) (S)

TIME TO...	SNOOZE	EAT	CHANGE
06:00			
06:15			
06:30			
06:45			
07:00			
07:15			
07:30			
07:45			
08:00			
08:15			
08:30			
08:45			
09:00			
09:15			
09:30			
09:45			
10:00			
10:15			
10:30			
10:45			
11:00			
11:15			
11:30			
11:45			

TIME TO...	SNOOZE	EAT	CHANGE
12:00			
12:15			
12:30			
12:45			
13:00			
13:15			
13:30			
13:45			
14:00			
14:15			
14:30			
14:45			
15:00			
15:15			
15:30			
15:45			
16:00			
16:15			
16:30			
16:45			
17:00			
17:15			
17:30			
17:45			

THINGS WE'RE DOING TODAY

TODAY'S SPECIAL MEMORIES

DATE ....

TIME TO...	SNOOZE	EAT	CHANGE	TIME TO...	SNOOZE	EAT	CHANGE
18:00				00:00			
18:15				00:15			
18:30				00:30			
18:45				00:45			
19:00				01:00			
19:15				01:15			
19:30				01:30			
19:45				01:45			
20:00				02:00			
20:15				02:15			
20:30				02:30			
20:45				02:45			
21:00				03:00			
21:15				03:15			
21:30				03:30			
21:45				03:45			
22:00				04:00			
22:15				04:15			
22:30				04:30			
22:45				04:45			
23:00				05:00			
23:15				05:15			
23:30				05:30			
23:45				05:45			

THINGS I NEED TO BUY/GET

NOTES

DATE .... M T W T F S S

TIME TO...	SNOOZE	EAT	CHANGE		TIME TO...	SNOOZE	EAT	CHANGE
06:00					12:00			
06:15					12:15			
06:30					12:30			
06:45					12:45			
07:00					13:00			
07:15					13:15			
07:30					13:30			
07:45					13:45			
08:00					14:00			
08:15					14:15			
08:30					14:30			
08:45					14:45			
09:00					15:00			
09:15					15:15			
09:30					15:30			
09:45					15:45			
10:00					16:00			
10:15					16:15			
10:30					16:30			
10:45					16:45			
11:00					17:00			
11:15					17:15			
11:30					17:30			
11:45					17:45			

THINGS WE'RE DOING TODAY

TODAY'S SPECIAL MEMORIES

TIME TO...	SNOOZE	EAT	CHANGE	TIME TO...	SNOOZE	EAT	CHANGE
18:00				00:00			
18:15				00:15			
18:30				00:30			
18:45				00:45			
19:00				01:00			
19:15				01:15			
19:30				01:30			
19:45				01:45			
20:00				02:00			
20:15				02:15			
20:30				02:30			
20:45				02:45			
21:00				03:00			
21:15				03:15			
21:30				03:30			
21:45				03:45			
22:00				04:00			
22:15				04:15			
22:30				04:30			
22:45				04:45			
23:00				05:00			
23:15				05:15			
23:30				05:30			
23:45				05:45			

THINGS I NEED TO BUY/GET

NOTES

DATE ....

TIME TO...	SNOOZE	EAT	CHANGE	TIME TO...	SNOOZE	EAT	CHANGE
06:00				12:00			
06:15				12:15			
06:30				12:30			
06:45				12:45			
07:00				13:00			
07:15				13:15			
07:30				13:30			
07:45				13:45			
08:00				14:00			
08:15				14:15			
08:30				14:30			
08:45				14:45			
09:00				15:00			
09:15				15:15			
09:30				15:30			
09:45				15:45			
10:00				16:00			
10:15				16:15			
10:30				16:30			
10:45				16:45			
11:00				17:00			
11:15				17:15			
11:30				17:30			
11:45				17:45			

THINGS WE'RE DOING TODAY

TODAY'S SPECIAL MEMORIES

TIME TO...	SNOOZE	EAT	CHANGE	TIME TO...	SNOOZE	EAT	CHANGE
18:00				00:00			
18:15				00:15			
18:30				00:30			
18:45				00:45			
19:00				01:00			
19:15				01:15			
19:30				01:30			
19:45				01:45			
20:00				02:00			
20:15				02:15			
20:30				02:30			
20:45				02:45			
21:00				03:00			
21:15				03:15			
21:30				03:30			
21:45				03:45			
22:00				04:00			
22:15				04:15			
22:30				04:30			
22:45				04:45			
23:00				05:00			
23:15				05:15			
23:30				05:30			
23:45				05:45			

THINGS I NEED TO BUY/GET

NOTES

DATE ....

M T W T F S S

TIME TO...	SNOOZE	EAT	CHANGE	TIME TO...	SNOOZE	EAT	CHANGE
06:00				12:00			
06:15				12:15			
06:30				12:30			
06:45				12:45			
07:00				13:00			
07:15				13:15			
07:30				13:30			
07:45				13:45			
08:00				14:00			
08:15				14:15			
08:30				14:30			
08:45				14:45			
09:00				15:00			
09:15				15:15			
09:30				15:30			
09:45				15:45			
10:00				16:00			
10:15				16:15			
10:30				16:30			
10:45				16:45			
11:00				17:00			
11:15				17:15			
11:30				17:30			
11:45				17:45			

THINGS WE'RE DOING TODAY

TODAY'S SPECIAL MEMORIES

DATE .... $\quad$ M T W T F S S

TIME TO...	SNOOZE	EAT	CHANGE	TIME TO...	SNOOZE	EAT	CHANGE
18:00				00:00			
18:15				00:15			
18:30				00:30			
18:45				00:45			
19:00				01:00			
19:15				01:15			
19:30				01:30			
19:45				01:45			
20:00				02:00			
20:15				02:15			
20:30				02:30			
20:45				02:45			
21:00				03:00			
21:15				03:15			
21:30				03:30			
21:45				03:45			
22:00				04:00			
22:15				04:15			
22:30				04:30			
22:45				04:45			
23:00				05:00			
23:15				05:15			
23:30				05:30			
23:45				05:45			

THINGS I NEED TO BUY/GET

NOTES

DATE .... Ⓜ Ⓣ Ⓦ Ⓣ Ⓕ Ⓢ Ⓢ

TIME TO...	SNOOZE	EAT	CHANGE	TIME TO...	SNOOZE	EAT	CHANGE
06:00				12:00			
06:15				12:15			
06:30				12:30			
06:45				12:45			
07:00				13:00			
07:15				13:15			
07:30				13:30			
07:45				13:45			
08:00				14:00			
08:15				14:15			
08:30				14:30			
08:45				14:45			
09:00				15:00			
09:15				15:15			
09:30				15:30			
09:45				15:45			
10:00				16:00			
10:15				16:15			
10:30				16:30			
10:45				16:45			
11:00				17:00			
11:15				17:15			
11:30				17:30			
11:45				17:45			

THINGS WE'RE DOING TODAY

TODAY'S SPECIAL MEMORIES

DATE ....

TIME TO...	SNOOZE	EAT	CHANGE	TIME TO...	SNOOZE	EAT	CHANGE
18:00				00:00			
18:15				00:15			
18:30				00:30			
18:45				00:45			
19:00				01:00			
19:15				01:15			
19:30				01:30			
19:45				01:45			
20:00				02:00			
20:15				02:15			
20:30				02:30			
20:45				02:45			
21:00				03:00			
21:15				03:15			
21:30				03:30			
21:45				03:45			
22:00				04:00			
22:15				04:15			
22:30				04:30			
22:45				04:45			
23:00				05:00			
23:15				05:15			
23:30				05:30			
23:45				05:45			

THINGS I NEED TO BUY/GET

NOTES

DATE ....

TIME TO...	SNOOZE	EAT	CHANGE	TIME TO...	SNOOZE	EAT	CHANGE
06:00				12:00			
06:15				12:15			
06:30				12:30			
06:45				12:45			
07:00				13:00			
07:15				13:15			
07:30				13:30			
07:45				13:45			
08:00				14:00			
08:15				14:15			
08:30				14:30			
08:45				14:45			
09:00				15:00			
09:15				15:15			
09:30				15:30			
09:45				15:45			
10:00				16:00			
10:15				16:15			
10:30				16:30			
10:45				16:45			
11:00				17:00			
11:15				17:15			
11:30				17:30			
11:45				17:45			

THINGS WE'RE DOING TODAY

TODAY'S SPECIAL MEMORIES

DATE ....

M T W T F S S

TIME TO…	SNOOZE	EAT	CHANGE		TIME TO…	SNOOZE	EAT	CHANGE
18:00					00:00			
18:15					00:15			
18:30					00:30			
18:45					00:45			
19:00					01:00			
19:15					01:15			
19:30					01:30			
19:45					01:45			
20:00					02:00			
20:15					02:15			
20:30					02:30			
20:45					02:45			
21:00					03:00			
21:15					03:15			
21:30					03:30			
21:45					03:45			
22:00					04:00			
22:15					04:15			
22:30					04:30			
22:45					04:45			
23:00					05:00			
23:15					05:15			
23:30					05:30			
23:45					05:45			

THINGS I NEED TO BUY/GET

NOTES

DATE .... M T W T F S S

TIME TO...	SNOOZE	EAT	CHANGE	TIME TO...	SNOOZE	EAT	CHANGE
06:00				12:00			
06:15				12:15			
06:30				12:30			
06:45				12:45			
07:00				13:00			
07:15				13:15			
07:30				13:30			
07:45				13:45			
08:00				14:00			
08:15				14:15			
08:30				14:30			
08:45				14:45			
09:00				15:00			
09:15				15:15			
09:30				15:30			
09:45				15:45			
10:00				16:00			
10:15				16:15			
10:30				16:30			
10:45				16:45			
11:00				17:00			
11:15				17:15			
11:30				17:30			
11:45				17:45			

THINGS WE'RE DOING TODAY

TODAY'S SPECIAL MEMORIES

DATE ....   M T W T F S S

TIME TO…	SNOOZE	EAT	CHANGE	TIME TO…	SNOOZE	EAT	CHANGE
18:00				00:00			
18:15				00:15			
18:30				00:30			
18:45				00:45			
19:00				01:00			
19:15				01:15			
19:30				01:30			
19:45				01:45			
20:00				02:00			
20:15				02:15			
20:30				02:30			
20:45				02:45			
21:00				03:00			
21:15				03:15			
21:30				03:30			
21:45				03:45			
22:00				04:00			
22:15				04:15			
22:30				04:30			
22:45				04:45			
23:00				05:00			
23:15				05:15			
23:30				05:30			
23:45				05:45			

THINGS I NEED TO BUY/GET

NOTES

DATE ....   Ⓜ Ⓣ Ⓦ Ⓣ Ⓕ Ⓢ Ⓢ

TIME TO...	SNOOZE	EAT	CHANGE	TIME TO...	SNOOZE	EAT	CHANGE
06:00				12:00			
06:15				12:15			
06:30				12:30			
06:45				12:45			
07:00				13:00			
07:15				13:15			
07:30				13:30			
07:45				13:45			
08:00				14:00			
08:15				14:15			
08:30				14:30			
08:45				14:45			
09:00				15:00			
09:15				15:15			
09:30				15:30			
09:45				15:45			
10:00				16:00			
10:15				16:15			
10:30				16:30			
10:45				16:45			
11:00				17:00			
11:15				17:15			
11:30				17:30			
11:45				17:45			

THINGS WE'RE DOING TODAY

TODAY'S SPECIAL MEMORIES

DATE ....   M T W T F S S

TIME TO...	SNOOZE	EAT	CHANGE	TIME TO...	SNOOZE	EAT	CHANGE
18:00				00:00			
18:15				00:15			
18:30				00:30			
18:45				00:45			
19:00				01:00			
19:15				01:15			
19:30				01:30			
19:45				01:45			
20:00				02:00			
20:15				02:15			
20:30				02:30			
20:45				02:45			
21:00				03:00			
21:15				03:15			
21:30				03:30			
21:45				03:45			
22:00				04:00			
22:15				04:15			
22:30				04:30			
22:45				04:45			
23:00				05:00			
23:15				05:15			
23:30				05:30			
23:45				05:45			

THINGS I NEED TO BUY/GET

NOTES

DATE .... Ⓜ Ⓣ Ⓦ Ⓣ Ⓕ Ⓢ Ⓢ

TIME TO...	SNOOZE	EAT	CHANGE
06:00			
06:15			
06:30			
06:45			
07:00			
07:15			
07:30			
07:45			
08:00			
08:15			
08:30			
08:45			
09:00			
09:15			
09:30			
09:45			
10:00			
10:15			
10:30			
10:45			
11:00			
11:15			
11:30			
11:45			

TIME TO...	SNOOZE	EAT	CHANGE
12:00			
12:15			
12:30			
12:45			
13:00			
13:15			
13:30			
13:45			
14:00			
14:15			
14:30			
14:45			
15:00			
15:15			
15:30			
15:45			
16:00			
16:15			
16:30			
16:45			
17:00			
17:15			
17:30			
17:45			

THINGS WE'RE DOING TODAY

TODAY'S SPECIAL MEMORIES

DATE .... Ⓜ Ⓣ Ⓦ Ⓣ Ⓕ Ⓢ Ⓢ

TIME TO...	SNOOZE	EAT	CHANGE	TIME TO...	SNOOZE	EAT	CHANGE
18:00				00:00			
18:15				00:15			
18:30				00:30			
18:45				00:45			
19:00				01:00			
19:15				01:15			
19:30				01:30			
19:45				01:45			
20:00				02:00			
20:15				02:15			
20:30				02:30			
20:45				02:45			
21:00				03:00			
21:15				03:15			
21:30				03:30			
21:45				03:45			
22:00				04:00			
22:15				04:15			
22:30				04:30			
22:45				04:45			
23:00				05:00			
23:15				05:15			
23:30				05:30			
23:45				05:45			

THINGS I NEED TO BUY/GET

NOTES

DATE .... M T W T F S S

TIME TO...	SNOOZE	EAT	CHANGE		TIME TO...	SNOOZE	EAT	CHANGE
06:00					12:00			
06:15					12:15			
06:30					12:30			
06:45					12:45			
07:00					13:00			
07:15					13:15			
07:30					13:30			
07:45					13:45			
08:00					14:00			
08:15					14:15			
08:30					14:30			
08:45					14:45			
09:00					15:00			
09:15					15:15			
09:30					15:30			
09:45					15:45			
10:00					16:00			
10:15					16:15			
10:30					16:30			
10:45					16:45			
11:00					17:00			
11:15					17:15			
11:30					17:30			
11:45					17:45			

THINGS WE'RE DOING TODAY

TODAY'S SPECIAL MEMORIES

DATE .... ⓂⓉⓌⓉⒻⓈⓈ

TIME TO...	SNOOZE	EAT	CHANGE	TIME TO...	SNOOZE	EAT	CHANGE
18:00				00:00			
18:15				00:15			
18:30				00:30			
18:45				00:45			
19:00				01:00			
19:15				01:15			
19:30				01:30			
19:45				01:45			
20:00				02:00			
20:15				02:15			
20:30				02:30			
20:45				02:45			
21:00				03:00			
21:15				03:15			
21:30				03:30			
21:45				03:45			
22:00				04:00			
22:15				04:15			
22:30				04:30			
22:45				04:45			
23:00				05:00			
23:15				05:15			
23:30				05:30			
23:45				05:45			

THINGS I NEED TO BUY/GET

NOTES

DATE .... 　Ⓜ Ⓣ Ⓦ Ⓣ Ⓕ Ⓢ Ⓢ

TIME TO...	SNOOZE	EAT	CHANGE	TIME TO...	SNOOZE	EAT	CHANGE
06:00				12:00			
06:15				12:15			
06:30				12:30			
06:45				12:45			
07:00				13:00			
07:15				13:15			
07:30				13:30			
07:45				13:45			
08:00				14:00			
08:15				14:15			
08:30				14:30			
08:45				14:45			
09:00				15:00			
09:15				15:15			
09:30				15:30			
09:45				15:45			
10:00				16:00			
10:15				16:15			
10:30				16:30			
10:45				16:45			
11:00				17:00			
11:15				17:15			
11:30				17:30			
11:45				17:45			

THINGS WE'RE DOING TODAY

TODAY'S SPECIAL MEMORIES

DATE ....

TIME TO...	SNOOZE	EAT	CHANGE	TIME TO...	SNOOZE	EAT	CHANGE
18:00				00:00			
18:15				00:15			
18:30				00:30			
18:45				00:45			
19:00				01:00			
19:15				01:15			
19:30				01:30			
19:45				01:45			
20:00				02:00			
20:15				02:15			
20:30				02:30			
20:45				02:45			
21:00				03:00			
21:15				03:15			
21:30				03:30			
21:45				03:45			
22:00				04:00			
22:15				04:15			
22:30				04:30			
22:45				04:45			
23:00				05:00			
23:15				05:15			
23:30				05:30			
23:45				05:45			

THINGS I NEED TO BUY/GET

NOTES

DATE .... Ⓜ Ⓣ Ⓦ Ⓣ Ⓕ Ⓢ Ⓢ

TIME TO...	SNOOZE	EAT	CHANGE	TIME TO...	SNOOZE	EAT	CHANGE
06:00				12:00			
06:15				12:15			
06:30				12:30			
06:45				12:45			
07:00				13:00			
07:15				13:15			
07:30				13:30			
07:45				13:45			
08:00				14:00			
08:15				14:15			
08:30				14:30			
08:45				14:45			
09:00				15:00			
09:15				15:15			
09:30				15:30			
09:45				15:45			
10:00				16:00			
10:15				16:15			
10:30				16:30			
10:45				16:45			
11:00				17:00			
11:15				17:15			
11:30				17:30			
11:45				17:45			

THINGS WE'RE DOING TODAY

TODAY'S SPECIAL MEMORIES

DATE .... （M）（T）（W）（T）（F）（S）（S）

TIME TO...	SNOOZE	EAT	CHANGE	TIME TO...	SNOOZE	EAT	CHANGE
18:00				00:00			
18:15				00:15			
18:30				00:30			
18:45				00:45			
19:00				01:00			
19:15				01:15			
19:30				01:30			
19:45				01:45			
20:00				02:00			
20:15				02:15			
20:30				02:30			
20:45				02:45			
21:00				03:00			
21:15				03:15			
21:30				03:30			
21:45				03:45			
22:00				04:00			
22:15				04:15			
22:30				04:30			
22:45				04:45			
23:00				05:00			
23:15				05:15			
23:30				05:30			
23:45				05:45			

THINGS I NEED TO BUY/GET

NOTES

DATE .... 　M　T　W　T　F　S　S

TIME TO...	SNOOZE	EAT	CHANGE		TIME TO...	SNOOZE	EAT	CHANGE
06:00					12:00			
06:15					12:15			
06:30					12:30			
06:45					12:45			
07:00					13:00			
07:15					13:15			
07:30					13:30			
07:45					13:45			
08:00					14:00			
08:15					14:15			
08:30					14:30			
08:45					14:45			
09:00					15:00			
09:15					15:15			
09:30					15:30			
09:45					15:45			
10:00					16:00			
10:15					16:15			
10:30					16:30			
10:45					16:45			
11:00					17:00			
11:15					17:15			
11:30					17:30			
11:45					17:45			

THINGS WE'RE DOING TODAY

TODAY'S SPECIAL MEMORIES

DATE .... Ⓜ Ⓣ Ⓦ Ⓣ Ⓕ Ⓢ Ⓢ

TIME TO...	SNOOZE	EAT	CHANGE	TIME TO...	SNOOZE	EAT	CHANGE
18:00				00:00			
18:15				00:15			
18:30				00:30			
18:45				00:45			
19:00				01:00			
19:15				01:15			
19:30				01:30			
19:45				01:45			
20:00				02:00			
20:15				02:15			
20:30				02:30			
20:45				02:45			
21:00				03:00			
21:15				03:15			
21:30				03:30			
21:45				03:45			
22:00				04:00			
22:15				04:15			
22:30				04:30			
22:45				04:45			
23:00				05:00			
23:15				05:15			
23:30				05:30			
23:45				05:45			

THINGS I NEED TO BUY/GET

NOTES

DATE ....

(M) (T) (W) (T) (F) (S) (S)

TIME TO...	SNOOZE	EAT	CHANGE
06:00			
06:15			
06:30			
06:45			
07:00			
07:15			
07:30			
07:45			
08:00			
08:15			
08:30			
08:45			
09:00			
09:15			
09:30			
09:45			
10:00			
10:15			
10:30			
10:45			
11:00			
11:15			
11:30			
11:45			

TIME TO...	SNOOZE	EAT	CHANGE
12:00			
12:15			
12:30			
12:45			
13:00			
13:15			
13:30			
13:45			
14:00			
14:15			
14:30			
14:45			
15:00			
15:15			
15:30			
15:45			
16:00			
16:15			
16:30			
16:45			
17:00			
17:15			
17:30			
17:45			

THINGS WE'RE DOING TODAY

TODAY'S SPECIAL MEMORIES

DATE ....

M T W T F S S

TIME TO...	SNOOZE	EAT	CHANGE	TIME TO...	SNOOZE	EAT	CHANGE
18:00				00:00			
18:15				00:15			
18:30				00:30			
18:45				00:45			
19:00				01:00			
19:15				01:15			
19:30				01:30			
19:45				01:45			
20:00				02:00			
20:15				02:15			
20:30				02:30			
20:45				02:45			
21:00				03:00			
21:15				03:15			
21:30				03:30			
21:45				03:45			
22:00				04:00			
22:15				04:15			
22:30				04:30			
22:45				04:45			
23:00				05:00			
23:15				05:15			
23:30				05:30			
23:45				05:45			

THINGS I NEED TO BUY/GET

NOTES

DATE .... M T W T F S S

TIME TO...	SNOOZE	EAT	CHANGE		TIME TO...	SNOOZE	EAT	CHANGE
06:00					12:00			
06:15					12:15			
06:30					12:30			
06:45					12:45			
07:00					13:00			
07:15					13:15			
07:30					13:30			
07:45					13:45			
08:00					14:00			
08:15					14:15			
08:30					14:30			
08:45					14:45			
09:00					15:00			
09:15					15:15			
09:30					15:30			
09:45					15:45			
10:00					16:00			
10:15					16:15			
10:30					16:30			
10:45					16:45			
11:00					17:00			
11:15					17:15			
11:30					17:30			
11:45					17:45			

THINGS WE'RE DOING TODAY

TODAY'S SPECIAL MEMORIES

DATE .... 　M　T　W　T　F　S　S

TIME TO...	SNOOZE	EAT	CHANGE	TIME TO...	SNOOZE	EAT	CHANGE
18:00				00:00			
18:15				00:15			
18:30				00:30			
18:45				00:45			
19:00				01:00			
19:15				01:15			
19:30				01:30			
19:45				01:45			
20:00				02:00			
20:15				02:15			
20:30				02:30			
20:45				02:45			
21:00				03:00			
21:15				03:15			
21:30				03:30			
21:45				03:45			
22:00				04:00			
22:15				04:15			
22:30				04:30			
22:45				04:45			
23:00				05:00			
23:15				05:15			
23:30				05:30			
23:45				05:45			

THINGS I NEED TO BUY/GET

NOTES

DATE ....

TIME TO...	SNOOZE	EAT	CHANGE	TIME TO...	SNOOZE	EAT	CHANGE
06:00				12:00			
06:15				12:15			
06:30				12:30			
06:45				12:45			
07:00				13:00			
07:15				13:15			
07:30				13:30			
07:45				13:45			
08:00				14:00			
08:15				14:15			
08:30				14:30			
08:45				14:45			
09:00				15:00			
09:15				15:15			
09:30				15:30			
09:45				15:45			
10:00				16:00			
10:15				16:15			
10:30				16:30			
10:45				16:45			
11:00				17:00			
11:15				17:15			
11:30				17:30			
11:45				17:45			

THINGS WE'RE DOING TODAY

TODAY'S SPECIAL MEMORIES

DATE ....

(M)(T)(W)(T)(F)(S)(S)

TIME TO...	SNOOZE	EAT	CHANGE	TIME TO...	SNOOZE	EAT	CHANGE
18:00				00:00			
18:15				00:15			
18:30				00:30			
18:45				00:45			
19:00				01:00			
19:15				01:15			
19:30				01:30			
19:45				01:45			
20:00				02:00			
20:15				02:15			
20:30				02:30			
20:45				02:45			
21:00				03:00			
21:15				03:15			
21:30				03:30			
21:45				03:45			
22:00				04:00			
22:15				04:15			
22:30				04:30			
22:45				04:45			
23:00				05:00			
23:15				05:15			
23:30				05:30			
23:45				05:45			

THINGS I NEED TO BUY/GET

NOTES

DATE ....

(M) (T) (W) (T) (F) (S) (S)

TIME TO...	SNOOZE	EAT	CHANGE
06:00			
06:15			
06:30			
06:45			
07:00			
07:15			
07:30			
07:45			
08:00			
08:15			
08:30			
08:45			
09:00			
09:15			
09:30			
09:45			
10:00			
10:15			
10:30			
10:45			
11:00			
11:15			
11:30			
11:45			

TIME TO...	SNOOZE	EAT	CHANGE
12:00			
12:15			
12:30			
12:45			
13:00			
13:15			
13:30			
13:45			
14:00			
14:15			
14:30			
14:45			
15:00			
15:15			
15:30			
15:45			
16:00			
16:15			
16:30			
16:45			
17:00			
17:15			
17:30			
17:45			

THINGS WE'RE DOING TODAY

TODAY'S SPECIAL MEMORIES

DATE ....

M T W T F S S

TIME TO...	SNOOZE	EAT	CHANGE	TIME TO...	SNOOZE	EAT	CHANGE
18:00				00:00			
18:15				00:15			
18:30				00:30			
18:45				00:45			
19:00				01:00			
19:15				01:15			
19:30				01:30			
19:45				01:45			
20:00				02:00			
20:15				02:15			
20:30				02:30			
20:45				02:45			
21:00				03:00			
21:15				03:15			
21:30				03:30			
21:45				03:45			
22:00				04:00			
22:15				04:15			
22:30				04:30			
22:45				04:45			
23:00				05:00			
23:15				05:15			
23:30				05:30			
23:45				05:45			

THINGS I NEED TO BUY/GET

NOTES

DATE ....

TIME TO...	SNOOZE	EAT	CHANGE	TIME TO...	SNOOZE	EAT	CHANGE
06:00				12:00			
06:15				12:15			
06:30				12:30			
06:45				12:45			
07:00				13:00			
07:15				13:15			
07:30				13:30			
07:45				13:45			
08:00				14:00			
08:15				14:15			
08:30				14:30			
08:45				14:45			
09:00				15:00			
09:15				15:15			
09:30				15:30			
09:45				15:45			
10:00				16:00			
10:15				16:15			
10:30				16:30			
10:45				16:45			
11:00				17:00			
11:15				17:15			
11:30				17:30			
11:45				17:45			

THINGS WE'RE DOING TODAY

TODAY'S SPECIAL MEMORIES

TIME TO...	SNOOZE	EAT	CHANGE	TIME TO...	SNOOZE	EAT	CHANGE
18:00				00:00			
18:15				00:15			
18:30				00:30			
18:45				00:45			
19:00				01:00			
19:15				01:15			
19:30				01:30			
19:45				01:45			
20:00				02:00			
20:15				02:15			
20:30				02:30			
20:45				02:45			
21:00				03:00			
21:15				03:15			
21:30				03:30			
21:45				03:45			
22:00				04:00			
22:15				04:15			
22:30				04:30			
22:45				04:45			
23:00				05:00			
23:15				05:15			
23:30				05:30			
23:45				05:45			

THINGS I NEED TO BUY/GET

NOTES

DATE ....

M T W T F S S

TIME TO...	SNOOZE	EAT	CHANGE	TIME TO...	SNOOZE	EAT	CHANGE
06:00				12:00			
06:15				12:15			
06:30				12:30			
06:45				12:45			
07:00				13:00			
07:15				13:15			
07:30				13:30			
07:45				13:45			
08:00				14:00			
08:15				14:15			
08:30				14:30			
08:45				14:45			
09:00				15:00			
09:15				15:15			
09:30				15:30			
09:45				15:45			
10:00				16:00			
10:15				16:15			
10:30				16:30			
10:45				16:45			
11:00				17:00			
11:15				17:15			
11:30				17:30			
11:45				17:45			

THINGS WE'RE DOING TODAY

TODAY'S SPECIAL MEMORIES

M T W T F S S

TIME TO...	SNOOZE	EAT	CHANGE	TIME TO...	SNOOZE	EAT	CHANGE
18:00				00:00			
18:15				00:15			
18:30				00:30			
18:45				00:45			
19:00				01:00			
19:15				01:15			
19:30				01:30			
19:45				01:45			
20:00				02:00			
20:15				02:15			
20:30				02:30			
20:45				02:45			
21:00				03:00			
21:15				03:15			
21:30				03:30			
21:45				03:45			
22:00				04:00			
22:15				04:15			
22:30				04:30			
22:45				04:45			
23:00				05:00			
23:15				05:15			
23:30				05:30			
23:45				05:45			

THINGS I NEED TO BUY/GET

NOTES

DATE .... (M) (T) (W) (T) (F) (S) (S)

TIME TO...	SNOOZE	EAT	CHANGE		TIME TO...	SNOOZE	EAT	CHANGE
06:00					12:00			
06:15					12:15			
06:30					12:30			
06:45					12:45			
07:00					13:00			
07:15					13:15			
07:30					13:30			
07:45					13:45			
08:00					14:00			
08:15					14:15			
08:30					14:30			
08:45					14:45			
09:00					15:00			
09:15					15:15			
09:30					15:30			
09:45					15:45			
10:00					16:00			
10:15					16:15			
10:30					16:30			
10:45					16:45			
11:00					17:00			
11:15					17:15			
11:30					17:30			
11:45					17:45			

THINGS WE'RE DOING TODAY

TODAY'S SPECIAL MEMORIES

DATE .... M T W T F S S

TIME TO...	SNOOZE	EAT	CHANGE
18:00			
18:15			
18:30			
18:45			
19:00			
19:15			
19:30			
19:45			
20:00			
20:15			
20:30			
20:45			
21:00			
21:15			
21:30			
21:45			
22:00			
22:15			
22:30			
22:45			
23:00			
23:15			
23:30			
23:45			

TIME TO...	SNOOZE	EAT	CHANGE
00:00			
00:15			
00:30			
00:45			
01:00			
01:15			
01:30			
01:45			
02:00			
02:15			
02:30			
02:45			
03:00			
03:15			
03:30			
03:45			
04:00			
04:15			
04:30			
04:45			
05:00			
05:15			
05:30			
05:45			

THINGS I NEED TO BUY/GET

NOTES

DATE .... 　　M　T　W　T　F　S　S

TIME TO...	SNOOZE	EAT	CHANGE		TIME TO...	SNOOZE	EAT	CHANGE
06:00					12:00			
06:15					12:15			
06:30					12:30			
06:45					12:45			
07:00					13:00			
07:15					13:15			
07:30					13:30			
07:45					13:45			
08:00					14:00			
08:15					14:15			
08:30					14:30			
08:45					14:45			
09:00					15:00			
09:15					15:15			
09:30					15:30			
09:45					15:45			
10:00					16:00			
10:15					16:15			
10:30					16:30			
10:45					16:45			
11:00					17:00			
11:15					17:15			
11:30					17:30			
11:45					17:45			

THINGS WE'RE DOING TODAY

TODAY'S SPECIAL MEMORIES

DATE ....

M T W T F S S

TIME TO...	SNOOZE	EAT	CHANGE	TIME TO...	SNOOZE	EAT	CHANGE
18:00				00:00			
18:15				00:15			
18:30				00:30			
18:45				00:45			
19:00				01:00			
19:15				01:15			
19:30				01:30			
19:45				01:45			
20:00				02:00			
20:15				02:15			
20:30				02:30			
20:45				02:45			
21:00				03:00			
21:15				03:15			
21:30				03:30			
21:45				03:45			
22:00				04:00			
22:15				04:15			
22:30				04:30			
22:45				04:45			
23:00				05:00			
23:15				05:15			
23:30				05:30			
23:45				05:45			

THINGS I NEED TO BUY/GET

NOTES

DATE .... M T W T F S S

TIME TO...	SNOOZE	EAT	CHANGE		TIME TO...	SNOOZE	EAT	CHANGE
06:00					12:00			
06:15					12:15			
06:30					12:30			
06:45					12:45			
07:00					13:00			
07:15					13:15			
07:30					13:30			
07:45					13:45			
08:00					14:00			
08:15					14:15			
08:30					14:30			
08:45					14:45			
09:00					15:00			
09:15					15:15			
09:30					15:30			
09:45					15:45			
10:00					16:00			
10:15					16:15			
10:30					16:30			
10:45					16:45			
11:00					17:00			
11:15					17:15			
11:30					17:30			
11:45					17:45			

THINGS WE'RE DOING TODAY

TODAY'S SPECIAL MEMORIES

DATE ....

(M) (T) (W) (T) (F) (S) (S)

TIME TO...	SNOOZE	EAT	CHANGE	TIME TO...	SNOOZE	EAT	CHANGE
18:00				00:00			
18:15				00:15			
18:30				00:30			
18:45				00:45			
19:00				01:00			
19:15				01:15			
19:30				01:30			
19:45				01:45			
20:00				02:00			
20:15				02:15			
20:30				02:30			
20:45				02:45			
21:00				03:00			
21:15				03:15			
21:30				03:30			
21:45				03:45			
22:00				04:00			
22:15				04:15			
22:30				04:30			
22:45				04:45			
23:00				05:00			
23:15				05:15			
23:30				05:30			
23:45				05:45			

THINGS I NEED TO BUY/GET

NOTES

DATE .... Ⓜ Ⓣ Ⓦ Ⓣ Ⓕ Ⓢ Ⓢ

TIME TO...	SNOOZE	EAT	CHANGE	TIME TO...	SNOOZE	EAT	CHANGE
06:00				12:00			
06:15				12:15			
06:30				12:30			
06:45				12:45			
07:00				13:00			
07:15				13:15			
07:30				13:30			
07:45				13:45			
08:00				14:00			
08:15				14:15			
08:30				14:30			
08:45				14:45			
09:00				15:00			
09:15				15:15			
09:30				15:30			
09:45				15:45			
10:00				16:00			
10:15				16:15			
10:30				16:30			
10:45				16:45			
11:00				17:00			
11:15				17:15			
11:30				17:30			
11:45				17:45			

THINGS WE'RE DOING TODAY

TODAY'S SPECIAL MEMORIES

DATE .... 　Ⓜ Ⓣ Ⓦ Ⓣ Ⓕ Ⓢ Ⓢ

TIME TO...	SNOOZE	EAT	CHANGE	TIME TO...	SNOOZE	EAT	CHANGE
18:00				00:00			
18:15				00:15			
18:30				00:30			
18:45				00:45			
19:00				01:00			
19:15				01:15			
19:30				01:30			
19:45				01:45			
20:00				02:00			
20:15				02:15			
20:30				02:30			
20:45				02:45			
21:00				03:00			
21:15				03:15			
21:30				03:30			
21:45				03:45			
22:00				04:00			
22:15				04:15			
22:30				04:30			
22:45				04:45			
23:00				05:00			
23:15				05:15			
23:30				05:30			
23:45				05:45			

THINGS I NEED TO BUY/GET

NOTES

DATE ....

TIME TO...	SNOOZE	EAT	CHANGE		TIME TO...	SNOOZE	EAT	CHANGE
06:00					12:00			
06:15					12:15			
06:30					12:30			
06:45					12:45			
07:00					13:00			
07:15					13:15			
07:30					13:30			
07:45					13:45			
08:00					14:00			
08:15					14:15			
08:30					14:30			
08:45					14:45			
09:00					15:00			
09:15					15:15			
09:30					15:30			
09:45					15:45			
10:00					16:00			
10:15					16:15			
10:30					16:30			
10:45					16:45			
11:00					17:00			
11:15					17:15			
11:30					17:30			
11:45					17:45			

THINGS WE'RE DOING TODAY

TODAY'S SPECIAL MEMORIES

DATE ....

M T W T F S S

TIME TO...	SNOOZE	EAT	CHANGE	TIME TO...	SNOOZE	EAT	CHANGE
18:00				00:00			
18:15				00:15			
18:30				00:30			
18:45				00:45			
19:00				01:00			
19:15				01:15			
19:30				01:30			
19:45				01:45			
20:00				02:00			
20:15				02:15			
20:30				02:30			
20:45				02:45			
21:00				03:00			
21:15				03:15			
21:30				03:30			
21:45				03:45			
22:00				04:00			
22:15				04:15			
22:30				04:30			
22:45				04:45			
23:00				05:00			
23:15				05:15			
23:30				05:30			
23:45				05:45			

THINGS I NEED TO BUY/GET

NOTES

DATE .... M T W T F S S

TIME TO...	SNOOZE	EAT	CHANGE		TIME TO...	SNOOZE	EAT	CHANGE
06:00					12:00			
06:15					12:15			
06:30					12:30			
06:45					12:45			
07:00					13:00			
07:15					13:15			
07:30					13:30			
07:45					13:45			
08:00					14:00			
08:15					14:15			
08:30					14:30			
08:45					14:45			
09:00					15:00			
09:15					15:15			
09:30					15:30			
09:45					15:45			
10:00					16:00			
10:15					16:15			
10:30					16:30			
10:45					16:45			
11:00					17:00			
11:15					17:15			
11:30					17:30			
11:45					17:45			

THINGS WE'RE DOING TODAY

TODAY'S SPECIAL MEMORIES

DATE .... Ⓜ Ⓣ Ⓦ Ⓣ Ⓕ Ⓢ Ⓢ

TIME TO...	SNOOZE	EAT	CHANGE	TIME TO...	SNOOZE	EAT	CHANGE
18:00				00:00			
18:15				00:15			
18:30				00:30			
18:45				00:45			
19:00				01:00			
19:15				01:15			
19:30				01:30			
19:45				01:45			
20:00				02:00			
20:15				02:15			
20:30				02:30			
20:45				02:45			
21:00				03:00			
21:15				03:15			
21:30				03:30			
21:45				03:45			
22:00				04:00			
22:15				04:15			
22:30				04:30			
22:45				04:45			
23:00				05:00			
23:15				05:15			
23:30				05:30			
23:45				05:45			

THINGS I NEED TO BUY/GET

NOTES

DATE .... Ⓜ Ⓣ Ⓦ Ⓣ Ⓕ Ⓢ Ⓢ

TIME TO…	SNOOZE	EAT	CHANGE	TIME TO…	SNOOZE	EAT	CHANGE
06:00				12:00			
06:15				12:15			
06:30				12:30			
06:45				12:45			
07:00				13:00			
07:15				13:15			
07:30				13:30			
07:45				13:45			
08:00				14:00			
08:15				14:15			
08:30				14:30			
08:45				14:45			
09:00				15:00			
09:15				15:15			
09:30				15:30			
09:45				15:45			
10:00				16:00			
10:15				16:15			
10:30				16:30			
10:45				16:45			
11:00				17:00			
11:15				17:15			
11:30				17:30			
11:45				17:45			

THINGS WE'RE DOING TODAY

TODAY'S SPECIAL MEMORIES

DATE ....

M T W T F S S

TIME TO...	SNOOZE	EAT	CHANGE	TIME TO...	SNOOZE	EAT	CHANGE
18:00				00:00			
18:15				00:15			
18:30				00:30			
18:45				00:45			
19:00				01:00			
19:15				01:15			
19:30				01:30			
19:45				01:45			
20:00				02:00			
20:15				02:15			
20:30				02:30			
20:45				02:45			
21:00				03:00			
21:15				03:15			
21:30				03:30			
21:45				03:45			
22:00				04:00			
22:15				04:15			
22:30				04:30			
22:45				04:45			
23:00				05:00			
23:15				05:15			
23:30				05:30			
23:45				05:45			

THINGS I NEED TO BUY/GET

NOTES

DATE ....

(M) (T) (W) (T) (F) (S) (S)

TIME TO...	SNOOZE	EAT	CHANGE	TIME TO...	SNOOZE	EAT	CHANGE
06:00				12:00			
06:15				12:15			
06:30				12:30			
06:45				12:45			
07:00				13:00			
07:15				13:15			
07:30				13:30			
07:45				13:45			
08:00				14:00			
08:15				14:15			
08:30				14:30			
08:45				14:45			
09:00				15:00			
09:15				15:15			
09:30				15:30			
09:45				15:45			
10:00				16:00			
10:15				16:15			
10:30				16:30			
10:45				16:45			
11:00				17:00			
11:15				17:15			
11:30				17:30			
11:45				17:45			

THINGS WE'RE DOING TODAY

TODAY'S SPECIAL MEMORIES

DATE ....

TIME TO...	SNOOZE	EAT	CHANGE	TIME TO...	SNOOZE	EAT	CHANGE
18:00				00:00			
18:15				00:15			
18:30				00:30			
18:45				00:45			
19:00				01:00			
19:15				01:15			
19:30				01:30			
19:45				01:45			
20:00				02:00			
20:15				02:15			
20:30				02:30			
20:45				02:45			
21:00				03:00			
21:15				03:15			
21:30				03:30			
21:45				03:45			
22:00				04:00			
22:15				04:15			
22:30				04:30			
22:45				04:45			
23:00				05:00			
23:15				05:15			
23:30				05:30			
23:45				05:45			

THINGS I NEED TO BUY/GET

NOTES

DATE .... (M) (T) (W) (T) (F) (S) (S)

TIME TO...	SNOOZE	EAT	CHANGE	TIME TO...	SNOOZE	EAT	CHANGE
06:00				12:00			
06:15				12:15			
06:30				12:30			
06:45				12:45			
07:00				13:00			
07:15				13:15			
07:30				13:30			
07:45				13:45			
08:00				14:00			
08:15				14:15			
08:30				14:30			
08:45				14:45			
09:00				15:00			
09:15				15:15			
09:30				15:30			
09:45				15:45			
10:00				16:00			
10:15				16:15			
10:30				16:30			
10:45				16:45			
11:00				17:00			
11:15				17:15			
11:30				17:30			
11:45				17:45			

THINGS WE'RE DOING TODAY

TODAY'S SPECIAL MEMORIES

DATE .... M T W T F S S

TIME TO...	SNOOZE	EAT	CHANGE	TIME TO...	SNOOZE	EAT	CHANGE
18:00				00:00			
18:15				00:15			
18:30				00:30			
18:45				00:45			
19:00				01:00			
19:15				01:15			
19:30				01:30			
19:45				01:45			
20:00				02:00			
20:15				02:15			
20:30				02:30			
20:45				02:45			
21:00				03:00			
21:15				03:15			
21:30				03:30			
21:45				03:45			
22:00				04:00			
22:15				04:15			
22:30				04:30			
22:45				04:45			
23:00				05:00			
23:15				05:15			
23:30				05:30			
23:45				05:45			

THINGS I NEED TO BUY/GET

NOTES

DATE ....

M T W T F S S

TIME TO...	SNOOZE	EAT	CHANGE
06:00			
06:15			
06:30			
06:45			
07:00			
07:15			
07:30			
07:45			
08:00			
08:15			
08:30			
08:45			
09:00			
09:15			
09:30			
09:45			
10:00			
10:15			
10:30			
10:45			
11:00			
11:15			
11:30			
11:45			

TIME TO...	SNOOZE	EAT	CHANGE
12:00			
12:15			
12:30			
12:45			
13:00			
13:15			
13:30			
13:45			
14:00			
14:15			
14:30			
14:45			
15:00			
15:15			
15:30			
15:45			
16:00			
16:15			
16:30			
16:45			
17:00			
17:15			
17:30			
17:45			

THINGS WE'RE DOING TODAY

TODAY'S SPECIAL MEMORIES

DATE ....

M T W T F S S

TIME TO...	SNOOZE	EAT	CHANGE	TIME TO...	SNOOZE	EAT	CHANGE
18:00				00:00			
18:15				00:15			
18:30				00:30			
18:45				00:45			
19:00				01:00			
19:15				01:15			
19:30				01:30			
19:45				01:45			
20:00				02:00			
20:15				02:15			
20:30				02:30			
20:45				02:45			
21:00				03:00			
21:15				03:15			
21:30				03:30			
21:45				03:45			
22:00				04:00			
22:15				04:15			
22:30				04:30			
22:45				04:45			
23:00				05:00			
23:15				05:15			
23:30				05:30			
23:45				05:45			

THINGS I NEED TO BUY/GET

NOTES

DATE ....

M T W T F S S

TIME TO...	SNOOZE	EAT	CHANGE	TIME TO...	SNOOZE	EAT	CHANGE
06:00				12:00			
06:15				12:15			
06:30				12:30			
06:45				12:45			
07:00				13:00			
07:15				13:15			
07:30				13:30			
07:45				13:45			
08:00				14:00			
08:15				14:15			
08:30				14:30			
08:45				14:45			
09:00				15:00			
09:15				15:15			
09:30				15:30			
09:45				15:45			
10:00				16:00			
10:15				16:15			
10:30				16:30			
10:45				16:45			
11:00				17:00			
11:15				17:15			
11:30				17:30			
11:45				17:45			

THINGS WE'RE DOING TODAY

TODAY'S SPECIAL MEMORIES

DATE ....

TIME TO...	SNOOZE	EAT	CHANGE	TIME TO...	SNOOZE	EAT	CHANGE
18:00				00:00			
18:15				00:15			
18:30				00:30			
18:45				00:45			
19:00				01:00			
19:15				01:15			
19:30				01:30			
19:45				01:45			
20:00				02:00			
20:15				02:15			
20:30				02:30			
20:45				02:45			
21:00				03:00			
21:15				03:15			
21:30				03:30			
21:45				03:45			
22:00				04:00			
22:15				04:15			
22:30				04:30			
22:45				04:45			
23:00				05:00			
23:15				05:15			
23:30				05:30			
23:45				05:45			

THINGS I NEED TO BUY/GET

NOTES

DATE .... M T W T F S S

TIME TO...	SNOOZE	EAT	CHANGE	TIME TO...	SNOOZE	EAT	CHANGE
06:00				12:00			
06:15	.....			12:15	.....		
06:30				12:30			
06:45				12:45			
07:00				13:00			
07:15				13:15			
07:30				13:30			
07:45				13:45			
08:00				14:00			
08:15				14:15			
08:30				14:30			
08:45				14:45			
09:00				15:00			
09:15				15:15			
09:30				15:30			
09:45				15:45			
10:00				16:00			
10:15				16:15			
10:30				16:30			
10:45				16:45			
11:00				17:00			
11:15				17:15			
11:30				17:30			
11:45				17:45			

THINGS WE'RE DOING TODAY

TODAY'S SPECIAL MEMORIES

DATE .... M T W T F S S

TIME TO...	SNOOZE	EAT	CHANGE	TIME TO...	SNOOZE	EAT	CHANGE
18:00				00:00			
18:15				00:15			
18:30				00:30			
18:45				00:45			
19:00				01:00			
19:15				01:15			
19:30				01:30			
19:45				01:45			
20:00				02:00			
20:15				02:15			
20:30				02:30			
20:45				02:45			
21:00				03:00			
21:15				03:15			
21:30				03:30			
21:45				03:45			
22:00				04:00			
22:15				04:15			
22:30				04:30			
22:45				04:45			
23:00				05:00			
23:15				05:15			
23:30				05:30			
23:45				05:45			

THINGS I NEED TO BUY/GET

NOTES

DATE ....

M T W T F S S

TIME TO...	SNOOZE	EAT	CHANGE		TIME TO...	SNOOZE	EAT	CHANGE
06:00					12:00			
06:15					12:15			
06:30					12:30			
06:45					12:45			
07:00					13:00			
07:15					13:15			
07:30					13:30			
07:45					13:45			
08:00					14:00			
08:15					14:15			
08:30					14:30			
08:45					14:45			
09:00					15:00			
09:15					15:15			
09:30					15:30			
09:45					15:45			
10:00					16:00			
10:15					16:15			
10:30					16:30			
10:45					16:45			
11:00					17:00			
11:15					17:15			
11:30					17:30			
11:45					17:45			

THINGS WE'RE DOING TODAY

TODAY'S SPECIAL MEMORIES

DATE .... Ⓜ Ⓣ Ⓦ Ⓣ Ⓕ Ⓢ Ⓢ

TIME TO…	SNOOZE	EAT	CHANGE	TIME TO…	SNOOZE	EAT	CHANGE
18:00				00:00			
18:15				00:15			
18:30				00:30			
18:45				00:45			
19:00				01:00			
19:15				01:15			
19:30				01:30			
19:45				01:45			
20:00				02:00			
20:15				02:15			
20:30				02:30			
20:45				02:45			
21:00				03:00			
21:15				03:15			
21:30				03:30			
21:45				03:45			
22:00				04:00			
22:15				04:15			
22:30				04:30			
22:45				04:45			
23:00				05:00			
23:15				05:15			
23:30				05:30			
23:45				05:45			

THINGS I NEED TO BUY/GET

NOTES

DATE ....

M T W T F S S

TIME TO...	SNOOZE	EAT	CHANGE	TIME TO...	SNOOZE	EAT	CHANGE
06:00				12:00			
06:15				12:15			
06:30				12:30			
06:45				12:45			
07:00				13:00			
07:15				13:15			
07:30				13:30			
07:45				13:45			
08:00				14:00			
08:15				14:15			
08:30				14:30			
08:45				14:45			
09:00				15:00			
09:15				15:15			
09:30				15:30			
09:45				15:45			
10:00				16:00			
10:15				16:15			
10:30				16:30			
10:45				16:45			
11:00				17:00			
11:15				17:15			
11:30				17:30			
11:45				17:45			

THINGS WE'RE DOING TODAY

TODAY'S SPECIAL MEMORIES

DATE .... M T W T F S S

TIME TO...	SNOOZE	EAT	CHANGE	TIME TO...	SNOOZE	EAT	CHANGE
18:00				00:00			
18:15				00:15			
18:30				00:30			
18:45				00:45			
19:00				01:00			
19:15				01:15			
19:30				01:30			
19:45				01:45			
20:00				02:00			
20:15				02:15			
20:30				02:30			
20:45				02:45			
21:00				03:00			
21:15				03:15			
21:30				03:30			
21:45				03:45			
22:00				04:00			
22:15				04:15			
22:30				04:30			
22:45				04:45			
23:00				05:00			
23:15				05:15			
23:30				05:30			
23:45				05:45			

THINGS I NEED TO BUY/GET

NOTES

DATE ....

M T W T F S S

TIME TO...	SNOOZE	EAT	CHANGE	TIME TO...	SNOOZE	EAT	CHANGE
06:00				12:00			
06:15				12:15			
06:30				12:30			
06:45				12:45			
07:00				13:00			
07:15				13:15			
07:30				13:30			
07:45				13:45			
08:00				14:00			
08:15				14:15			
08:30				14:30			
08:45				14:45			
09:00				15:00			
09:15				15:15			
09:30				15:30			
09:45				15:45			
10:00				16:00			
10:15				16:15			
10:30				16:30			
10:45				16:45			
11:00				17:00			
11:15				17:15			
11:30				17:30			
11:45				17:45			

THINGS WE'RE DOING TODAY

TODAY'S SPECIAL MEMORIES

DATE .... Ⓜ Ⓣ Ⓦ Ⓣ Ⓕ Ⓢ Ⓢ

TIME TO...	SNOOZE	EAT	CHANGE	TIME TO...	SNOOZE	EAT	CHANGE
18:00				00:00			
18:15				00:15			
18:30				00:30			
18:45				00:45			
19:00				01:00			
19:15				01:15			
19:30				01:30			
19:45				01:45			
20:00				02:00			
20:15				02:15			
20:30				02:30			
20:45				02:45			
21:00				03:00			
21:15				03:15			
21:30				03:30			
21:45				03:45			
22:00				04:00			
22:15				04:15			
22:30				04:30			
22:45				04:45			
23:00				05:00			
23:15				05:15			
23:30				05:30			
23:45				05:45			

THINGS I NEED TO BUY/GET

NOTES

DATE ....

TIME TO...	SNOOZE	EAT	CHANGE	TIME TO...	SNOOZE	EAT	CHANGE
06:00				12:00			
06:15				12:15			
06:30				12:30			
06:45				12:45			
07:00				13:00			
07:15				13:15			
07:30				13:30			
07:45				13:45			
08:00				14:00			
08:15				14:15			
08:30				14:30			
08:45				14:45			
09:00				15:00			
09:15				15:15			
09:30				15:30			
09:45				15:45			
10:00				16:00			
10:15				16:15			
10:30				16:30			
10:45				16:45			
11:00				17:00			
11:15				17:15			
11:30				17:30			
11:45				17:45			

THINGS WE'RE DOING TODAY

TODAY'S SPECIAL MEMORIES

DATE ....

M T W T F S S

TIME TO...	SNOOZE	EAT	CHANGE
18:00			
18:15			
18:30			
18:45			
19:00			
19:15			
19:30			
19:45			
20:00			
20:15			
20:30			
20:45			
21:00			
21:15			
21:30			
21:45			
22:00			
22:15			
22:30			
22:45			
23:00			
23:15			
23:30			
23:45			

TIME TO...	SNOOZE	EAT	CHANGE
00:00			
00:15			
00:30			
00:45			
01:00			
01:15			
01:30			
01:45			
02:00			
02:15			
02:30			
02:45			
03:00			
03:15			
03:30			
03:45			
04:00			
04:15			
04:30			
04:45			
05:00			
05:15			
05:30			
05:45			

THINGS I NEED TO BUY/GET

NOTES

DATE .... (M)(T)(W)(T)(F)(S)(S)

TIME TO...	SNOOZE	EAT	CHANGE	TIME TO...	SNOOZE	EAT	CHANGE
06:00				12:00			
06:15				12:15			
06:30				12:30			
06:45				12:45			
07:00				13:00			
07:15				13:15			
07:30				13:30			
07:45				13:45			
08:00				14:00			
08:15				14:15			
08:30				14:30			
08:45				14:45			
09:00				15:00			
09:15				15:15			
09:30				15:30			
09:45				15:45			
10:00				16:00			
10:15				16:15			
10:30				16:30			
10:45				16:45			
11:00				17:00			
11:15				17:15			
11:30				17:30			
11:45				17:45			

THINGS WE'RE DOING TODAY

TODAY'S SPECIAL MEMORIES

TIME TO...	SNOOZE	EAT	CHANGE	TIME TO...	SNOOZE	EAT	CHANGE
18:00				00:00			
18:15				00:15			
18:30				00:30			
18:45				00:45			
19:00				01:00			
19:15				01:15			
19:30				01:30			
19:45				01:45			
20:00				02:00			
20:15				02:15			
20:30				02:30			
20:45				02:45			
21:00				03:00			
21:15				03:15			
21:30				03:30			
21:45				03:45			
22:00				04:00			
22:15				04:15			
22:30				04:30			
22:45				04:45			
23:00				05:00			
23:15				05:15			
23:30				05:30			
23:45				05:45			

THINGS I NEED TO BUY/GET

NOTES

DATE ....

TIME TO...	SNOOZE	EAT	CHANGE	TIME TO...	SNOOZE	EAT	CHANGE
06:00				12:00			
06:15				12:15			
06:30				12:30			
06:45				12:45			
07:00				13:00			
07:15				13:15			
07:30				13:30			
07:45				13:45			
08:00				14:00			
08:15				14:15			
08:30				14:30			
08:45				14:45			
09:00				15:00			
09:15				15:15			
09:30				15:30			
09:45				15:45			
10:00				16:00			
10:15				16:15			
10:30				16:30			
10:45				16:45			
11:00				17:00			
11:15				17:15			
11:30				17:30			
11:45				17:45			

THINGS WE'RE DOING TODAY

TODAY'S SPECIAL MEMORIES

DATE .... M T W T F S S

TIME TO...	SNOOZE	EAT	CHANGE	TIME TO...	SNOOZE	EAT	CHANGE
18:00				00:00			
18:15				00:15			
18:30				00:30			
18:45				00:45			
19:00				01:00			
19:15				01:15			
19:30				01:30			
19:45				01:45			
20:00				02:00			
20:15				02:15			
20:30				02:30			
20:45				02:45			
21:00				03:00			
21:15				03:15			
21:30				03:30			
21:45				03:45			
22:00				04:00			
22:15				04:15			
22:30				04:30			
22:45				04:45			
23:00				05:00			
23:15				05:15			
23:30				05:30			
23:45				05:45			

THINGS I NEED TO BUY/GET

NOTES

DATE ....

M T W T F S S

TIME TO...	SNOOZE	EAT	CHANGE	TIME TO...	SNOOZE	EAT	CHANGE
06:00				12:00			
06:15				12:15			
06:30				12:30			
06:45				12:45			
07:00				13:00			
07:15				13:15			
07:30				13:30			
07:45				13:45			
08:00				14:00			
08:15				14:15			
08:30				14:30			
08:45				14:45			
09:00				15:00			
09:15				15:15			
09:30				15:30			
09:45				15:45			
10:00				16:00			
10:15				16:15			
10:30				16:30			
10:45				16:45			
11:00				17:00			
11:15				17:15			
11:30				17:30			
11:45				17:45			

THINGS WE'RE DOING TODAY

TODAY'S SPECIAL MEMORIES

DATE .... (M)(T)(W)(T)(F)(S)(S)

TIME TO...	SNOOZE	EAT	CHANGE	TIME TO...	SNOOZE	EAT	CHANGE
18:00				00:00			
18:15				00:15			
18:30				00:30			
18:45				00:45			
19:00				01:00			
19:15				01:15			
19:30				01:30			
19:45				01:45			
20:00				02:00			
20:15				02:15			
20:30				02:30			
20:45				02:45			
21:00				03:00			
21:15				03:15			
21:30				03:30			
21:45				03:45			
22:00				04:00			
22:15				04:15			
22:30				04:30			
22:45				04:45			
23:00				05:00			
23:15				05:15			
23:30				05:30			
23:45				05:45			

THINGS I NEED TO BUY/GET

NOTES

DATE ....

M T W T F S S

TIME TO...	SNOOZE	EAT	CHANGE	TIME TO...	SNOOZE	EAT	CHANGE
06:00				12:00			
06:15				12:15			
06:30				12:30			
06:45				12:45			
07:00				13:00			
07:15				13:15			
07:30				13:30			
07:45				13:45			
08:00				14:00			
08:15				14:15			
08:30				14:30			
08:45				14:45			
09:00				15:00			
09:15				15:15			
09:30				15:30			
09:45				15:45			
10:00				16:00			
10:15				16:15			
10:30				16:30			
10:45				16:45			
11:00				17:00			
11:15				17:15			
11:30				17:30			
11:45				17:45			

THINGS WE'RE DOING TODAY

TODAY'S SPECIAL MEMORIES

DATE .... Ⓜ Ⓣ Ⓦ Ⓣ Ⓕ Ⓢ Ⓢ

TIME TO...	SNOOZE	EAT	CHANGE	TIME TO...	SNOOZE	EAT	CHANGE
18:00				00:00			
18:15				00:15			
18:30				00:30			
18:45				00:45			
19:00				01:00			
19:15				01:15			
19:30				01:30			
19:45				01:45			
20:00				02:00			
20:15				02:15			
20:30				02:30			
20:45				02:45			
21:00				03:00			
21:15				03:15			
21:30				03:30			
21:45				03:45			
22:00				04:00			
22:15				04:15			
22:30				04:30			
22:45				04:45			
23:00				05:00			
23:15				05:15			
23:30				05:30			
23:45				05:45			

THINGS I NEED TO BUY/GET

NOTES

DATE ....

TIME TO...	SNOOZE	EAT	CHANGE	TIME TO...	SNOOZE	EAT	CHANGE
06:00				12:00			
06:15				12:15			
06:30				12:30			
06:45				12:45			
07:00				13:00			
07:15				13:15			
07:30				13:30			
07:45				13:45			
08:00				14:00			
08:15				14:15			
08:30				14:30			
08:45				14:45			
09:00				15:00			
09:15				15:15			
09:30				15:30			
09:45				15:45			
10:00				16:00			
10:15				16:15			
10:30				16:30			
10:45				16:45			
11:00				17:00			
11:15				17:15			
11:30				17:30			
11:45				17:45			

THINGS WE'RE DOING TODAY

TODAY'S SPECIAL MEMORIES

DATE .... Ⓜ Ⓣ Ⓦ Ⓣ Ⓕ Ⓢ Ⓢ

TIME TO...	SNOOZE	EAT	CHANGE	TIME TO...	SNOOZE	EAT	CHANGE
18:00				00:00			
18:15				00:15			
18:30				00:30			
18:45				00:45			
19:00				01:00			
19:15				01:15			
19:30				01:30			
19:45				01:45			
20:00				02:00			
20:15				02:15			
20:30				02:30			
20:45				02:45			
21:00				03:00			
21:15				03:15			
21:30				03:30			
21:45				03:45			
22:00				04:00			
22:15				04:15			
22:30				04:30			
22:45				04:45			
23:00				05:00			
23:15				05:15			
23:30				05:30			
23:45				05:45			

THINGS I NEED TO BUY/GET

NOTES

DATE ....

M T W T F S S

TIME TO...	SNOOZE	EAT	CHANGE	TIME TO...	SNOOZE	EAT	CHANGE
06:00				12:00			
06:15				12:15			
06:30				12:30			
06:45				12:45			
07:00				13:00			
07:15				13:15			
07:30				13:30			
07:45				13:45			
08:00				14:00			
08:15				14:15			
08:30				14:30			
08:45				14:45			
09:00				15:00			
09:15				15:15			
09:30				15:30			
09:45				15:45			
10:00				16:00			
10:15				16:15			
10:30				16:30			
10:45				16:45			
11:00				17:00			
11:15				17:15			
11:30				17:30			
11:45				17:45			

THINGS WE'RE DOING TODAY

TODAY'S SPECIAL MEMORIES

TIME TO...	SNOOZE	EAT	CHANGE		TIME TO...	SNOOZE	EAT	CHANGE
18:00					00:00			
18:15					00:15			
18:30					00:30			
18:45					00:45			
19:00					01:00			
19:15					01:15			
19:30					01:30			
19:45					01:45			
20:00					02:00			
20:15					02:15			
20:30					02:30			
20:45					02:45			
21:00					03:00			
21:15					03:15			
21:30					03:30			
21:45					03:45			
22:00					04:00			
22:15					04:15			
22:30					04:30			
22:45					04:45			
23:00					05:00			
23:15					05:15			
23:30					05:30			
23:45					05:45			

THINGS I NEED TO BUY/GET

NOTES

DATE .... Ⓜ Ⓣ Ⓦ Ⓣ Ⓕ Ⓢ Ⓢ

TIME TO...	SNOOZE	EAT	CHANGE	TIME TO...	SNOOZE	EAT	CHANGE
06:00				12:00			
06:15				12:15			
06:30				12:30			
06:45				12:45			
07:00				13:00			
07:15				13:15			
07:30				13:30			
07:45				13:45			
08:00				14:00			
08:15				14:15			
08:30				14:30			
08:45				14:45			
09:00				15:00			
09:15				15:15			
09:30				15:30			
09:45				15:45			
10:00				16:00			
10:15				16:15			
10:30				16:30			
10:45				16:45			
11:00				17:00			
11:15				17:15			
11:30				17:30			
11:45				17:45			

THINGS WE'RE DOING TODAY

TODAY'S SPECIAL MEMORIES

DATE .... (M) (T) (W) (T) (F) (S) (S)

TIME TO...	SNOOZE	EAT	CHANGE	TIME TO...	SNOOZE	EAT	CHANGE
18:00				00:00			
18:15				00:15			
18:30				00:30			
18:45				00:45			
19:00				01:00			
19:15				01:15			
19:30				01:30			
19:45				01:45			
20:00				02:00			
20:15				02:15			
20:30				02:30			
20:45				02:45			
21:00				03:00			
21:15				03:15			
21:30				03:30			
21:45				03:45			
22:00				04:00			
22:15				04:15			
22:30				04:30			
22:45				04:45			
23:00				05:00			
23:15				05:15			
23:30				05:30			
23:45				05:45			

THINGS I NEED TO BUY/GET

NOTES

DATE .... M T W T F S S

TIME TO...	SNOOZE	EAT	CHANGE	TIME TO...	SNOOZE	EAT	CHANGE
06:00				12:00			
06:15				12:15			
06:30				12:30			
06:45				12:45			
07:00				13:00			
07:15				13:15			
07:30				13:30			
07:45				13:45			
08:00				14:00			
08:15				14:15			
08:30				14:30			
08:45				14:45			
09:00				15:00			
09:15				15:15			
09:30				15:30			
09:45				15:45			
10:00				16:00			
10:15				16:15			
10:30				16:30			
10:45				16:45			
11:00				17:00			
11:15				17:15			
11:30				17:30			
11:45				17:45			

THINGS WE'RE DOING TODAY

TODAY'S SPECIAL MEMORIES

DATE ....   Ⓜ Ⓣ Ⓦ Ⓣ Ⓕ Ⓢ Ⓢ

TIME TO...	SNOOZE	EAT	CHANGE	TIME TO...	SNOOZE	EAT	CHANGE
18:00				00:00			
18:15				00:15			
18:30				00:30			
18:45				00:45			
19:00				01:00			
19:15				01:15			
19:30				01:30			
19:45				01:45			
20:00				02:00			
20:15				02:15			
20:30				02:30			
20:45				02:45			
21:00				03:00			
21:15				03:15			
21:30				03:30			
21:45				03:45			
22:00				04:00			
22:15				04:15			
22:30				04:30			
22:45				04:45			
23:00				05:00			
23:15				05:15			
23:30				05:30			
23:45				05:45			

THINGS I NEED TO BUY/GET

NOTES

DATE .... M T W T F S S

TIME TO...	SNOOZE	EAT	CHANGE	TIME TO...	SNOOZE	EAT	CHANGE
06:00				12:00			
06:15				12:15			
06:30				12:30			
06:45				12:45			
07:00				13:00			
07:15				13:15			
07:30				13:30			
07:45				13:45			
08:00				14:00			
08:15				14:15			
08:30				14:30			
08:45				14:45			
09:00				15:00			
09:15				15:15			
09:30				15:30			
09:45				15:45			
10:00				16:00			
10:15				16:15			
10:30				16:30			
10:45				16:45			
11:00				17:00			
11:15				17:15			
11:30				17:30			
11:45				17:45			

THINGS WE'RE DOING TODAY

TODAY'S SPECIAL MEMORIES

DATE .... Ⓜ Ⓣ Ⓦ Ⓣ Ⓕ Ⓢ Ⓢ

TIME TO...	SNOOZE	EAT	CHANGE	TIME TO...	SNOOZE	EAT	CHANGE
18:00				00:00			
18:15				00:15			
18:30				00:30			
18:45				00:45			
19:00				01:00			
19:15				01:15			
19:30				01:30			
19:45				01:45			
20:00				02:00			
20:15				02:15			
20:30				02:30			
20:45				02:45			
21:00				03:00			
21:15				03:15			
21:30				03:30			
21:45				03:45			
22:00				04:00			
22:15				04:15			
22:30				04:30			
22:45				04:45			
23:00				05:00			
23:15				05:15			
23:30				05:30			
23:45				05:45			

THINGS I NEED TO BUY/GET

NOTES

DATE ....

TIME TO...	SNOOZE	EAT	CHANGE	TIME TO...	SNOOZE	EAT	CHANGE
06:00				12:00			
06:15				12:15			
06:30				12:30			
06:45				12:45			
07:00				13:00			
07:15				13:15			
07:30				13:30			
07:45				13:45			
08:00				14:00			
08:15				14:15			
08:30				14:30			
08:45				14:45			
09:00				15:00			
09:15				15:15			
09:30				15:30			
09:45				15:45			
10:00				16:00			
10:15				16:15			
10:30				16:30			
10:45				16:45			
11:00				17:00			
11:15				17:15			
11:30				17:30			
11:45				17:45			

THINGS WE'RE DOING TODAY

TODAY'S SPECIAL MEMORIES

DATE .... Ⓜ Ⓣ Ⓦ Ⓣ Ⓕ Ⓢ Ⓢ

TIME TO...	SNOOZE	EAT	CHANGE	TIME TO...	SNOOZE	EAT	CHANGE
18:00				00:00			
18:15				00:15			
18:30				00:30			
18:45				00:45			
19:00				01:00			
19:15				01:15			
19:30				01:30			
19:45				01:45			
20:00				02:00			
20:15				02:15			
20:30				02:30			
20:45				02:45			
21:00				03:00			
21:15				03:15			
21:30				03:30			
21:45				03:45			
22:00				04:00			
22:15				04:15			
22:30				04:30			
22:45				04:45			
23:00				05:00			
23:15				05:15			
23:30				05:30			
23:45				05:45			

THINGS I NEED TO BUY/GET

NOTES

DATE .... 　(M) (T) (W) (T) (F) (S) (S)

TIME TO...	SNOOZE	EAT	CHANGE	TIME TO...	SNOOZE	EAT	CHANGE
06:00				12:00			
06:15				12:15			
06:30				12:30			
06:45				12:45			
07:00				13:00			
07:15				13:15			
07:30				13:30			
07:45				13:45			
08:00				14:00			
08:15				14:15			
08:30				14:30			
08:45				14:45			
09:00				15:00			
09:15				15:15			
09:30				15:30			
09:45				15:45			
10:00				16:00			
10:15				16:15			
10:30				16:30			
10:45				16:45			
11:00				17:00			
11:15				17:15			
11:30				17:30			
11:45				17:45			

THINGS WE'RE DOING TODAY

TODAY'S SPECIAL MEMORIES

DATE .... 　Ⓜ Ⓣ Ⓦ Ⓣ Ⓕ Ⓢ Ⓢ

TIME TO...	SNOOZE	EAT	CHANGE	TIME TO...	SNOOZE	EAT	CHANGE
18:00				00:00			
18:15				00:15			
18:30				00:30			
18:45				00:45			
19:00				01:00			
19:15				01:15			
19:30				01:30			
19:45				01:45			
20:00				02:00			
20:15				02:15			
20:30				02:30			
20:45				02:45			
21:00				03:00			
21:15				03:15			
21:30				03:30			
21:45				03:45			
22:00				04:00			
22:15				04:15			
22:30				04:30			
22:45				04:45			
23:00				05:00			
23:15				05:15			
23:30				05:30			
23:45				05:45			

THINGS I NEED TO BUY/GET

NOTES

DATE .... Ⓜ Ⓣ Ⓦ Ⓣ Ⓕ Ⓢ Ⓢ

TIME TO...	SNOOZE	EAT	CHANGE	TIME TO...	SNOOZE	EAT	CHANGE
06:00				12:00			
06:15				12:15			
06:30				12:30			
06:45				12:45			
07:00				13:00			
07:15				13:15			
07:30				13:30			
07:45				13:45			
08:00				14:00			
08:15				14:15			
08:30				14:30			
08:45				14:45			
09:00				15:00			
09:15				15:15			
09:30				15:30			
09:45				15:45			
10:00				16:00			
10:15				16:15			
10:30				16:30			
10:45				16:45			
11:00				17:00			
11:15				17:15			
11:30				17:30			
11:45				17:45			

THINGS WE'RE DOING TODAY

TODAY'S SPECIAL MEMORIES

DATE ....   (M) (T) (W) (T) (F) (S) (S)

TIME TO...	SNOOZE	EAT	CHANGE	TIME TO...	SNOOZE	EAT	CHANGE
18:00				00:00			
18:15				00:15			
18:30				00:30			
18:45				00:45			
19:00				01:00			
19:15				01:15			
19:30				01:30			
19:45				01:45			
20:00				02:00			
20:15				02:15			
20:30				02:30			
20:45				02:45			
21:00				03:00			
21:15				03:15			
21:30				03:30			
21:45				03:45			
22:00				04:00			
22:15				04:15			
22:30				04:30			
22:45				04:45			
23:00				05:00			
23:15				05:15			
23:30				05:30			
23:45				05:45			

THINGS I NEED TO BUY/GET

NOTES

DATE .... 　M　T　W　T　F　S　S

TIME TO...	SNOOZE	EAT	CHANGE	TIME TO...	SNOOZE	EAT	CHANGE
06:00				12:00			
06:15				12:15			
06:30				12:30			
06:45				12:45			
07:00				13:00			
07:15				13:15			
07:30				13:30			
07:45				13:45			
08:00				14:00			
08:15				14:15			
08:30				14:30			
08:45				14:45			
09:00				15:00			
09:15				15:15			
09:30				15:30			
09:45				15:45			
10:00				16:00			
10:15				16:15			
10:30				16:30			
10:45				16:45			
11:00				17:00			
11:15				17:15			
11:30				17:30			
11:45				17:45			

THINGS WE'RE DOING TODAY

TODAY'S SPECIAL MEMORIES

DATE .... $\quad$ (M) (T) (W) (T) (F) (S) (S)

TIME TO...	SNOOZE	EAT	CHANGE	TIME TO...	SNOOZE	EAT	CHANGE
18:00				00:00			
18:15				00:15			
18:30				00:30			
18:45				00:45			
19:00				01:00			
19:15				01:15			
19:30				01:30			
19:45				01:45			
20:00				02:00			
20:15				02:15			
20:30				02:30			
20:45				02:45			
21:00				03:00			
21:15				03:15			
21:30				03:30			
21:45				03:45			
22:00				04:00			
22:15				04:15			
22:30				04:30			
22:45				04:45			
23:00				05:00			
23:15				05:15			
23:30				05:30			
23:45				05:45			

THINGS I NEED TO BUY/GET

NOTES

DATE .... M T W T F S S

TIME TO...	SNOOZE	EAT	CHANGE	TIME TO...	SNOOZE	EAT	CHANGE
06:00				12:00			
06:15				12:15			
06:30				12:30			
06:45				12:45			
07:00				13:00			
07:15				13:15			
07:30				13:30			
07:45				13:45			
08:00				14:00			
08:15				14:15			
08:30				14:30			
08:45				14:45			
09:00				15:00			
09:15				15:15			
09:30				15:30			
09:45				15:45			
10:00				16:00			
10:15				16:15			
10:30				16:30			
10:45				16:45			
11:00				17:00			
11:15				17:15			
11:30				17:30			
11:45				17:45			

THINGS WE'RE DOING TODAY

TODAY'S SPECIAL MEMORIES

DATE .... Ⓜ Ⓣ Ⓦ Ⓣ Ⓕ Ⓢ Ⓢ

TIME TO...	SNOOZE	EAT	CHANGE	TIME TO...	SNOOZE	EAT	CHANGE
18:00				00:00			
18:15				00:15			
18:30				00:30			
18:45				00:45			
19:00				01:00			
19:15				01:15			
19:30				01:30			
19:45				01:45			
20:00				02:00			
20:15				02:15			
20:30				02:30			
20:45				02:45			
21:00				03:00			
21:15				03:15			
21:30				03:30			
21:45				03:45			
22:00				04:00			
22:15				04:15			
22:30				04:30			
22:45				04:45			
23:00				05:00			
23:15				05:15			
23:30				05:30			
23:45				05:45			

THINGS I NEED TO BUY/GET

NOTES

DATE .... (M) (T) (W) (T) (F) (S) (S)

TIME TO...	SNOOZE	EAT	CHANGE	TIME TO...	SNOOZE	EAT	CHANGE
06:00				12:00			
06:15				12:15			
06:30				12:30			
06:45				12:45			
07:00				13:00			
07:15				13:15			
07:30				13:30			
07:45				13:45			
08:00				14:00			
08:15				14:15			
08:30				14:30			
08:45				14:45			
09:00				15:00			
09:15				15:15			
09:30				15:30			
09:45				15:45			
10:00				16:00			
10:15				16:15			
10:30				16:30			
10:45				16:45			
11:00				17:00			
11:15				17:15			
11:30				17:30			
11:45				17:45			

THINGS WE'RE DOING TODAY

TODAY'S SPECIAL MEMORIES

DATE .... Ⓜ Ⓣ Ⓦ Ⓣ Ⓕ Ⓢ Ⓢ

TIME TO...	SNOOZE	EAT	CHANGE	TIME TO...	SNOOZE	EAT	CHANGE
18:00				00:00			
18:15				00:15			
18:30				00:30			
18:45				00:45			
19:00				01:00			
19:15				01:15			
19:30				01:30			
19:45				01:45			
20:00				02:00			
20:15				02:15			
20:30				02:30			
20:45				02:45			
21:00				03:00			
21:15				03:15			
21:30				03:30			
21:45				03:45			
22:00				04:00			
22:15				04:15			
22:30				04:30			
22:45				04:45			
23:00				05:00			
23:15				05:15			
23:30				05:30			
23:45				05:45			

THINGS I NEED TO BUY/GET

NOTES

DATE ....

M T W T F S S

TIME TO...	SNOOZE	EAT	CHANGE
06:00			
06:15			
06:30			
06:45			
07:00			
07:15			
07:30			
07:45			
08:00			
08:15			
08:30			
08:45			
09:00			
09:15			
09:30			
09:45			
10:00			
10:15			
10:30			
10:45			
11:00			
11:15			
11:30			
11:45			

TIME TO...	SNOOZE	EAT	CHANGE
12:00			
12:15			
12:30			
12:45			
13:00			
13:15			
13:30			
13:45			
14:00			
14:15			
14:30			
14:45			
15:00			
15:15			
15:30			
15:45			
16:00			
16:15			
16:30			
16:45			
17:00			
17:15			
17:30			
17:45			

THINGS WE'RE DOING TODAY

TODAY'S SPECIAL MEMORIES

DATE .... （M）（T）（W）（T）（F）（S）（S）

TIME TO...	SNOOZE	EAT	CHANGE	TIME TO...	SNOOZE	EAT	CHANGE
18:00				00:00			
18:15				00:15			
18:30				00:30			
18:45				00:45			
19:00				01:00			
19:15				01:15			
19:30				01:30			
19:45				01:45			
20:00				02:00			
20:15				02:15			
20:30				02:30			
20:45				02:45			
21:00				03:00			
21:15				03:15			
21:30				03:30			
21:45				03:45			
22:00				04:00			
22:15				04:15			
22:30				04:30			
22:45				04:45			
23:00				05:00			
23:15				05:15			
23:30				05:30			
23:45				05:45			

THINGS I NEED TO BUY/GET

NOTES

DATE ....

(M) (T) (W) (T) (F) (S) (S)

TIME TO...	SNOOZE	EAT	CHANGE	TIME TO...	SNOOZE	EAT	CHANGE
06:00				12:00			
06:15				12:15			
06:30				12:30			
06:45				12:45			
07:00				13:00			
07:15				13:15			
07:30				13:30			
07:45				13:45			
08:00				14:00			
08:15				14:15			
08:30				14:30			
08:45				14:45			
09:00				15:00			
09:15				15:15			
09:30				15:30			
09:45				15:45			
10:00				16:00			
10:15				16:15			
10:30				16:30			
10:45				16:45			
11:00				17:00			
11:15				17:15			
11:30				17:30			
11:45				17:45			

THINGS WE'RE DOING TODAY

TODAY'S SPECIAL MEMORIES

DATE .... (M)(T)(W)(T)(F)(S)(S)

TIME TO...	SNOOZE	EAT	CHANGE	TIME TO...	SNOOZE	EAT	CHANGE
18:00				00:00			
18:15				00:15			
18:30				00:30			
18:45				00:45			
19:00				01:00			
19:15				01:15			
19:30				01:30			
19:45				01:45			
20:00				02:00			
20:15				02:15			
20:30				02:30			
20:45				02:45			
21:00				03:00			
21:15				03:15			
21:30				03:30			
21:45				03:45			
22:00				04:00			
22:15				04:15			
22:30				04:30			
22:45				04:45			
23:00				05:00			
23:15				05:15			
23:30				05:30			
23:45				05:45			

THINGS I NEED TO BUY/GET

NOTES

DATE ....   M T W T F S S

TIME TO...	SNOOZE	EAT	CHANGE
06:00			
06:15			
06:30			
06:45			
07:00			
07:15			
07:30			
07:45			
08:00			
08:15			
08:30			
08:45			
09:00			
09:15			
09:30			
09:45			
10:00			
10:15			
10:30			
10:45			
11:00			
11:15			
11:30			
11:45			

TIME TO...	SNOOZE	EAT	CHANGE
12:00			
12:15			
12:30			
12:45			
13:00			
13:15			
13:30			
13:45			
14:00			
14:15			
14:30			
14:45			
15:00			
15:15			
15:30			
15:45			
16:00			
16:15			
16:30			
16:45			
17:00			
17:15			
17:30			
17:45			

THINGS WE'RE DOING TODAY

TODAY'S SPECIAL MEMORIES

DATE .... M T W T F S S

TIME TO...	SNOOZE	EAT	CHANGE	TIME TO...	SNOOZE	EAT	CHANGE
18:00				00:00			
18:15				00:15			
18:30				00:30			
18:45				00:45			
19:00				01:00			
19:15				01:15			
19:30				01:30			
19:45				01:45			
20:00				02:00			
20:15				02:15			
20:30				02:30			
20:45				02:45			
21:00				03:00			
21:15				03:15			
21:30				03:30			
21:45				03:45			
22:00				04:00			
22:15				04:15			
22:30				04:30			
22:45				04:45			
23:00				05:00			
23:15				05:15			
23:30				05:30			
23:45				05:45			

THINGS I NEED TO BUY/GET

NOTES

DATE .... 　Ⓜ Ⓣ Ⓦ Ⓣ Ⓕ Ⓢ Ⓢ

TIME TO...	SNOOZE	EAT	CHANGE	TIME TO...	SNOOZE	EAT	CHANGE
06:00				12:00			
06:15				12:15			
06:30				12:30			
06:45				12:45			
07:00				13:00			
07:15				13:15			
07:30				13:30			
07:45				13:45			
08:00				14:00			
08:15				14:15			
08:30				14:30			
08:45				14:45			
09:00				15:00			
09:15				15:15			
09:30				15:30			
09:45				15:45			
10:00				16:00			
10:15				16:15			
10:30				16:30			
10:45				16:45			
11:00				17:00			
11:15				17:15			
11:30				17:30			
11:45				17:45			

THINGS WE'RE DOING TODAY

TODAY'S SPECIAL MEMORIES

DATE .... Ⓜ Ⓣ Ⓦ Ⓣ Ⓕ Ⓢ Ⓢ

TIME TO...	SNOOZE	EAT	CHANGE	TIME TO...	SNOOZE	EAT	CHANGE
18:00				00:00			
18:15				00:15			
18:30				00:30			
18:45				00:45			
19:00				01:00			
19:15				01:15			
19:30				01:30			
19:45				01:45			
20:00				02:00			
20:15				02:15			
20:30				02:30			
20:45				02:45			
21:00				03:00			
21:15				03:15			
21:30				03:30			
21:45				03:45			
22:00				04:00			
22:15				04:15			
22:30				04:30			
22:45				04:45			
23:00				05:00			
23:15				05:15			
23:30				05:30			
23:45				05:45			

THINGS I NEED TO BUY/GET

NOTES

DATE .... M T W T F S S

TIME TO...	SNOOZE	EAT	CHANGE	TIME TO...	SNOOZE	EAT	CHANGE
06:00				12:00			
06:15				12:15			
06:30				12:30			
06:45				12:45			
07:00				13:00			
07:15				13:15			
07:30				13:30			
07:45				13:45			
08:00				14:00			
08:15				14:15			
08:30				14:30			
08:45				14:45			
09:00				15:00			
09:15				15:15			
09:30				15:30			
09:45				15:45			
10:00				16:00			
10:15				16:15			
10:30				16:30			
10:45				16:45			
11:00				17:00			
11:15				17:15			
11:30				17:30			
11:45				17:45			

THINGS WE'RE DOING TODAY

TODAY'S SPECIAL MEMORIES

DATE .... Ⓜ Ⓣ Ⓦ Ⓣ Ⓕ Ⓢ Ⓢ

TIME TO...	SNOOZE	EAT	CHANGE	TIME TO...	SNOOZE	EAT	CHANGE
18:00				00:00			
18:15				00:15			
18:30				00:30			
18:45				00:45			
19:00				01:00			
19:15				01:15			
19:30				01:30			
19:45				01:45			
20:00				02:00			
20:15				02:15			
20:30				02:30			
20:45				02:45			
21:00				03:00			
21:15				03:15			
21:30				03:30			
21:45				03:45			
22:00				04:00			
22:15				04:15			
22:30				04:30			
22:45				04:45			
23:00				05:00			
23:15				05:15			
23:30				05:30			
23:45				05:45			

THINGS I NEED TO BUY/GET

NOTES

DATE ....

M T W T F S S

TIME TO...	SNOOZE	EAT	CHANGE		TIME TO...	SNOOZE	EAT	CHANGE
06:00					12:00			
06:15					12:15			
06:30					12:30			
06:45					12:45			
07:00					13:00			
07:15					13:15			
07:30					13:30			
07:45					13:45			
08:00					14:00			
08:15					14:15			
08:30					14:30			
08:45					14:45			
09:00					15:00			
09:15					15:15			
09:30					15:30			
09:45					15:45			
10:00					16:00			
10:15					16:15			
10:30					16:30			
10:45					16:45			
11:00					17:00			
11:15					17:15			
11:30					17:30			
11:45					17:45			

THINGS WE'RE DOING TODAY

TODAY'S SPECIAL MEMORIES

DATE .... Ⓜ Ⓣ Ⓦ Ⓣ Ⓕ Ⓢ Ⓢ

TIME TO...	SNOOZE	EAT	CHANGE	TIME TO...	SNOOZE	EAT	CHANGE
18:00				00:00			
18:15				00:15			
18:30				00:30			
18:45				00:45			
19:00				01:00			
19:15				01:15			
19:30				01:30			
19:45				01:45			
20:00				02:00			
20:15				02:15			
20:30				02:30			
20:45				02:45			
21:00				03:00			
21:15				03:15			
21:30				03:30			
21:45				03:45			
22:00				04:00			
22:15				04:15			
22:30				04:30			
22:45				04:45			
23:00				05:00			
23:15				05:15			
23:30				05:30			
23:45				05:45			

THINGS I NEED TO BUY/GET

NOTES

DATE .... Ⓜ Ⓣ Ⓦ Ⓣ Ⓕ Ⓢ Ⓢ

TIME TO...	SNOOZE	EAT	CHANGE	TIME TO...	SNOOZE	EAT	CHANGE
06:00				12:00			
06:15				12:15			
06:30				12:30			
06:45				12:45			
07:00				13:00			
07:15				13:15			
07:30				13:30			
07:45				13:45			
08:00				14:00			
08:15				14:15			
08:30				14:30			
08:45				14:45			
09:00				15:00			
09:15				15:15			
09:30				15:30			
09:45				15:45			
10:00				16:00			
10:15				16:15			
10:30				16:30			
10:45				16:45			
11:00				17:00			
11:15				17:15			
11:30				17:30			
11:45				17:45			

THINGS WE'RE DOING TODAY

TODAY'S SPECIAL MEMORIES

DATE .... M T W T F S S

TIME TO…	SNOOZE	EAT	CHANGE	TIME TO…	SNOOZE	EAT	CHANGE
18:00				00:00			
18:15				00:15			
18:30				00:30			
18:45				00:45			
19:00				01:00			
19:15				01:15			
19:30				01:30			
19:45				01:45			
20:00				02:00			
20:15				02:15			
20:30				02:30			
20:45				02:45			
21:00				03:00			
21:15				03:15			
21:30				03:30			
21:45				03:45			
22:00				04:00			
22:15				04:15			
22:30				04:30			
22:45				04:45			
23:00				05:00			
23:15				05:15			
23:30				05:30			
23:45				05:45			

THINGS I NEED TO BUY/GET

NOTES

HEALTH NOTES

Date	Reason	Notes

HEALTH NOTES

Date	Reason	Notes

HEALTH NOTES

Date	Reason	Notes

HEALTH NOTES

Date	Reason	Notes

USEFUL CONTACTS

Name	Contact details

USEFUL CONTACTS

Name	Contact details

THE SNOOZESHADE STORY

I invented SnoozeShade just after my daughter Holly was born. I had been in a wheelchair while pregnant and had to learn how to walk again so once I was up on my feet I wanted to walk everywhere - with the pram.

I also had post natal depression so it was important for me to get out of the house and meet up with friends.

However, meeting up often clashed with Holly's naptimes. My friends and I all did the same things to help our babies sleep when we were out. We used blankets, muslins and anything we could find to help our wide awake babies switch off to sleep.

I needed the equivalent of a blackout blind for the pram and that's how it all started!

SnoozeShade is now the world's best-selling range of sun and sleep shades, has won over 70 awards and is endorsed by baby experts worldwide.

Safety is at the heart of everything I do at SnoozeShade and I design first and foremost as a mother! All my products are designed to be safe enough for a newborn (which is not the norm for accessories). They are all made from an air-permeable mesh and use only the highest quality materials.

All SnoozeShade products help babies to get the sleep they need and help develop healthy sleep habits. You can pop to the shops or do an exercise class safe in the knowledge that your baby is getting the sleep he or she needs to grow.

Find out more on the SnoozeShade range on the next page....

THE SNOOZESHADE RANGE

It all started with SnoozeShade Original. Designed for babies aged 0-6 months it fits all prams, flat-lying or upright. It can be used to protect little ones from sun, wind and well-meaning strangers as well as to establish great sleep habits.

Next, parents asked me for a SnoozeShade for Infant Car Seats which helps transfers from car to house go more smoothly.

For older babies aged 6 months and up, or those who are sitting upright and want to look out on the world there is SnoozeShade Plus or Plus Deluxe.

Finally I was asked by many parents to make a version for travel cots and cots to make sharing a room with a baby easier. This is the one product I can say I wished I'd invented earlier for me to use!

SPECIAL OFFER

I hope you have enjoyed using this tracker and have found it helpful.

If you'd like another to buy another one you will get **50%** off when you visit **SnoozeShade.com/tracker** Simply apply the code **LOG50** at checkout.

If you'd prefer a printable version to continue with then visit **SnoozeShade.com/logbook** to register and we will send you a PDF that you can print as and when you need it.

PS if you have any problems or need assistance please email me on **customercare@snoozeshade.com**

GET SOCIAL WITH SNOOZESHADE

I run SnoozeShade from home with lots of help from a small team of mums.

Come and say hello and find out more about SnoozeShade - I love to hear from parents and we regularly have baby sleep experts chatting to us and answering questions on social media.

 facebook.com/snoozeshade

 instagram.com/snoozeshade

 twitter.com/snoozeshade

 customercare@snoozeshade.com

 www.snoozeshade.com

As a thank you for buying this journal, here's a code to SAVE 20% on all best-selling products from www.snoozeshade.com

Simply enter JOURNAL20 at checkout

This book belongs to

....

....